épreuve
d'essai 4/5

Jean Latti 87

DO NOT WALK OUTSIDE THIS AREA

Jean-Luc Manz

Editionen 1988-1998

Graphische Sammlung der ETH Zürich 1999
MEMORY/CAGE EDITIONS Zürich 1999

LEBENSLINIEN

PAUL TANNER

»Kater lag im Sessel, die Augen zu Schlitzen verengt. Sein Pult zeigte eine schimmernde Leere. Offiziersdolch, wie befohlen, parallel zur Schreibunterlage. Marie, beziehungsweise ihre Photographie, unter der Lampe, daneben er selbst, ebenfalls gerahmt, am Beginn seiner Karriere. Alles andere war weggeschlossen, in Schubladen und Schränken versorgt, und auch der riesige Teppich – er lag zwischen dem Pult und der ledergepolsterten Tür – verriet Katers Sinn für Ordnung. Er war wie ein Schachbrett gemustert (…) und wie stets, wenn er jemanden empfing, blieb Kater hinter seinem Pult im Sessel liegen und beobachtete, wie sein Besucher auf den schachbrettartig gemusterten Teppich reagieren würde. Ging er über die Felder achtlos hinweg? Oder nahm er sie wahr?«

Thomas Hürlimann, *Der grosse Kater* (Ammann Verlag, Zürich 1998)

Kaum ein Kritiker hat es unterlassen, auf das Schachbrettmotiv im Werk von Jean-Luc Manz hinzuweisen und es zu analysieren. Gewiss, Manz bevorzugt strenge Bildmuster wie das Schachbrett. Doch ist das Offene und Instabile – durch das Fehlen einer Begrenzung erzeugt – genauso oft in Bildern von Manz anzutreffen. Zwar findet sich da und dort ein mit dem Lineal gezogenes Gerüst aus vertikalen und horizontalen Geraden: Die Bildorganisation ist für Manz unbestritten wichtig und beispielsweise bei einer mehrfarbigen Lithographie schon einen Extrastein wert. Meist ist dieses Liniengefüge aber so fein gezeichnet und gedruckt, dass es die Felder nur sehr behutsam determiniert. Was das Schachbrett betrifft, ist entscheidend, dass es Menschenverstand braucht, um es wahrzunehmen. Es dürfte weiter vor allem vom Temperament des jeweiligen Betrachters abhängen, ob er das vorgegebene Koordinatensystem beachtet oder sich darüber hinwegsetzt.

Im Zentrum des Werkes von Manz stehen vielmehr der Mensch und der alltägliche Bereich, in dem er lebt. Hinter den Linien und streng geometrischen Feldern verbergen sich menschliche Regungen, Stimmungen und Gefühle – mehr als man auf den ersten Blick vielleicht ahnt.

Eines haben wir aus dem Verlauf der Kunstgeschichte am Ende des 20. Jahrhunderts gelernt: dass die Frage, wer den Sieg nun davontrage, die Figuration oder die Abstraktion, gegenstandslos geworden ist. Das war Mitte der fünfziger Jahre jedoch noch ganz anders: Als der baltisch-französische Maler Nicolas de Staël um 1952 seinen Vorstoss in die Abstraktion wieder zurücknahm und zur Figur und zur Landschaft zurückkehrte, wurde ihm das selbst vom sonst so besonnenen Kunstkritiker und Museumsmann Georg Schmidt als Verrat an der Sache ausgelegt.[1] In der Ausstellung *konkrete kunst – 50 jahre entwicklung* im Zürcher Helmhaus gelang Max Bill 1960 eine eindrückliche Darstellung der Entwicklung und des Wandels internationaler konkreter Kunst. Zehn Jahre später, ausgerechnet unter Führung dieses Exponenten der Zürcher Konkreten, folgte im gleichen Haus die Überblicksausstellung *Figurative Malerei und Plastik*. Unglücklicherweise – oder mit Absicht? – beschränkte sich die Jury auf Bilder und Plastiken von Zürcher Künstlerinnen und Künstlern. Mit dieser Auswahl schaffte es Bill mühelos aufzuzeigen, dass die figurative Malerei inzwischen »ins Leere gelaufen« sei. Der Katalog hätte ein Vorwort von Bill enthalten sollen, das aber von den meisten in dieser Ausstellung vertretenen Künstlern als ungehörige Kritik gewertet wurde. Sie kündigten den Rückzug ihrer Bilder aus der Ausstellung an, »wenn das Vorwort nicht aus dem Katalog verschwinde«. »Unter diesen Umständen« habe sich, schrieb der Zürcher Stadtpräsident auf einem dem Katalog beigelegten Blatt, »Professor Max Bill auf unseren Wunsch hin damit einverstanden erklärt, dass das Vorwort aus dem Katalog entfernt wird«. Die Distanz ideologischer Natur zwischen den beiden Lagern war damals kaum überbrückbar. Noch Anfang der achtziger Jahre erschien es Georg Baselitz und Donald Judd eine ziemlich ungebührliche Berührung zweier verschiedener künstlerischer Lager, als Rudi Fuchs im Stedelijk Van Abbemuseum in Eindhoven ein Bild des einen mit einem Bodenobjekt aus Holz des anderen konfrontierte.[2]

Jean-Luc Manz zählt zu einer Künstlergeneration, die sich über den Gegensatz »figurativ – konkret« längst hinweggesetzt hat und sich hüben wie drüben künstlerisch zu Hause fühlt, ohne allenfalls erlaubte Regeln des »Lagerwechsels« zu beachten, die da bedeuten könnten: Figuratives in einem abstrakten Umfeld nur über einen Medienwechsel zu gestatten, z.B. in Form einer Collage mit Photos oder mit Abbildungen aus Zeitungen. Wenn am Anfang der Reihe der Drucke von Manz ein Kopf steht (Kat. 1, Abb. S. 1), wie er auf einer ganz traditionell gezeichneten Lithographie der vierziger oder fünfziger Jahre erscheinen könnte; wenn uns auf einem anderen Blatt aus einem Geviert *petit frère* (Kat. 13, Abb. S. 39) oder *Lulu* (Kat. 19, Abb. S. 42) entgegenblicken oder wenn uns auf einer Fotografie ein junger Afrikaner sein strahlendes Lachen schenkt (Kat. 37, Abb. S. 78), dann nicht, weil Manz sich vorübergehend von der strengen Geometrie absetzen wollte. Sicher, das erste Porträt, in Zusammenarbeit mit Jean Crotti eines Abends bei einem Glas Wein im Atelier von Raynald Métraux auf einen Lithostein gezeichnet, hat den Charakter eines tastenden Versuches, auch ein bisschen den eines Scherzes. Crottis Anteil daran mag damals grösser gewesen sein.

Die figurativen Elemente werden jedoch weiterhin unverzichtbarer Teil von Manz' Kunst sein, auch wenn sie vor allem die Sprache der Geometrie spricht. Figurative Kunst ist ihm genauso vertraut wie geometrisch abstrakte. Erstere hat er ja im gleichen Masse wie seine eigenen geometrischen Bildformen ständig um sich, zu Hause in Lausanne oder in der Zweitwohnung in Kairo, nämlich in Form der Werke seines künstlerischen Alter ego, des Freundes und Lebenspartners Jean Crotti. Mit ihm stellt Manz seit vielen Jahren auch immer wieder gemeinsam aus, wobei nicht selten Werke des einen direkt mit jenen des anderen konfrontiert werden. Manz hat 1987 eine Gruppe von Papierarbeiten realisiert, im Sinne einer seit den kubistischen Collagen »erlaubten« Verbindung von Abstraktem und Figurativem. Sie zeigen auf der einen Hälfte des Blattes ein mit Tusche gezeichnetes Schachbrettmuster, während auf die andere Hälfte Ansichtskarten geklebt sind, die antike Vasen abbilden. Dieter Schwarz erkannte darin 1988 einen »Dialog zwischen gefundenem Objekt und autonomer Darstellung«, den Manz hier in

Gang gesetzt habe.[3] Tatsächlich hat der Künstler darüber hinaus nicht nur die Ansichtskarten, sondern auch das Schachbrett »gefunden« und wohl kaum erfunden.

Kaum eine geometrische Form von Manz ist nicht aus der unmittelbaren Alltagswelt abgeleitet! Solche Ableitungen sind für Manz das entscheidende Stimulans, um geometrische Formen anzulegen, und nicht der Wunsch, ins »Chaos der Welt« eine Gerade, einen Kreis oder ein Quadrat als Zeichen einer neuen Ordnung zu setzen. Auf Seite 48 der Montagsausgabe vom 10. April 1978 von *24 Heures* ist, wie damals üblich für diese Westschweizer Tageszeitung, die Typographie zweifarbig angelegt: einzelne Überschriften, die Einfassung eines Kästchens oder einzelne Markierungsbalken sind rot gedruckt. Zwei solche Balken sind Manz aufgefallen: Die ganze Zeitungsseite überstrich er bis auf die zwei roten Balken mit weisser Farbe, drehte das Blatt um neunzig Grad, und fertig war dieses weisse Bild mit zwei roten Balken! Mit solchen Übermalungen begann Manz in den siebziger Jahren geometrische Kompositionen aus der Bilder- und Textflut des Alltags herauszupräparieren. Die Zeichnung wurde später zur Vorlage eines Offsetdruckes, den Manz 1989, also mehr als zehn Jahre später, zum Portfolio *M/2* beisteuerte (Kat. 9, Abb. S. 43). Das Gestaltungsverfahren war beim 1998 realisierten Diptychon nicht grundsätzlich anders (Kat. 35, Abb. S. 76-77). In diesem Fall regte ihn die Bemalung der Schiebetüren eines Schuhkastens im Korridor seiner Wohnung – farbige Punkte auf gelbem Grund – zu einer zweiteiligen Lithographie an. Er separierte die gelbe Fläche von den Punkten, übernahm aber die Anordnung der Punkte sehr genau.

Distanz und Konzentration zeichnen seine gemalten, gezeichneten und gedruckten Bilder genauso aus wie Nähe und emotionale Regung. Der Strenge der Form steht zudem oft auch ein ausgesprochen sinnlicher Bildträger gegenüber: ein bemerkenswertes Japanpapier, ein handgeschöpftes Velin oder gar die grobe Webstruktur eines Stückes Stramin. Der Geometrie antwortet auch einmal ein »ausgefranster« Papierrand.

In der *Pleurs de cendres* benannten, gemalten Bilderfolge von 1995 schwingen in ihrer feinen Lineatur Erinnerungen an einen jugendlichen Freund mit, an Chai, der wenige Monate, bevor er einem Krebsleiden erlag, Jean-Luc Manz begegnet war. Die zarten, hauchdünn gezogenen Streifen mögen auf dem einen Bild auf das Blau des Himmels und auf einem andern auf das Braun der Erde, in der der Tote ruht, verweisen. Die dreiteilige Graphikfolge *portrait* des gleichen Jahres schliesst sich den Bildern formal sehr eng an, wobei nun der Verweis auf den Porträtierenden stärker ist, wie im beigegebenen Text gesagt wird (Kat. 25, Abb. S. 59). Für ein Porträt heiterer Art steht die Lithographie *l'ami africain* von 1997. Drei leuchtend gelbe Punkte schweben zwischen zwei Streifen aus blauen und roten Dreiecken. Auch hier sorgt ein hauchfeines Liniennetz, für das natürlich ein eigener Stein bearbeitet werden musste, für behutsame Ordnung. Ob es bei der Lithographienfolge *col de chemise* von 1998 um »Kopf und Kragen« geht (Kat. 32, Abb. S. 73)? Die Grundformen Kreis, Quadrat und Dreieck - hier beschnitten, halbiert oder am oberen Blattrand als Darstellung des Kragenschmuckes eingesetzt - verwendete Manz bereits

1991 und 1992 auch als Zeichen eines Gesichtes, seines Gesichtes, des Gesichtes von *Lulu*. Bei einem Multiple, der Stehlampe, sind dieselben Formen als kleine Öffnungen ausgespart und lassen zusätzlich Licht von der Seite ausströmen. In gleicher Form, mit dem Laserstrahl ausgeschnitten, sorgen kleine Quadrate, Dreiecke und runde Öffnungen auf einem erst kürzlich entstandenen, halbtransparenten Paravent aus Kunststoff für subtile Durchsichten.

So wie die täglich gelesene Zeitung oder vertraute Gegenstände den Künstler seit den späten siebziger Jahren zu Bildern und Drucken anregten, so eröffnete das Leben in Kairo, wo Jean-Luc Manz und Jean Crotti seit 1992 jedes Jahr für einige Monate leben, eine ganz andere Fülle von Anregungen. Muster (Kat. 38, Abb. S. 79), Ornamente (Kat. 21, Abb. S. 51-53), Reklameschilder (Kat. 32, Abb. S. 73) und bedruckte Einpackpapiere (Kat. 34, Abb. S. 75) boten eine reiche Ausbeute. Wiesen frühe Werke noch stärker Referenzen auf Bilder aus der Kunstgeschichte auf, etwa auf solche der russischen Suprematisten, führten die Aufenthalte in dieser orientalischen Weltstadt zu einer regelrechten künstlerischen Befreiung. Da er dort über kein Atelier verfügt, konzentriert sich die Arbeit des Künstlers aufs Zeichnen und Vorbereiten von Drucken. Die Papierarbeiten haben bisher von *Cairo's sunshine* und seinem pulsierenden Leben am stärksten profitiert.

[1] Georg Schmidt gab in einem Kommentar zum Bild *Composition fond jaune et rouge* von 1952, das er 1959 für die Öffentliche Kunstsammlung Basel erworben hatte, einen Abriss der künstlerischen Entwicklung von Nicolas de Staël: »1952: Erlebnis eines Fußballmatches - Einbruch des Gegenständlichen!... 1955: aus blockhaften Flächen gebaute Stilleben - völlig intakte, doch tragisch ausdruckslose Gegenständlichkeit.« Georg Schmidt, *Kunstmuseum Basel. 150 Gemälde. 12. - 20. Jahrhundert*, Basel 1964 (zitiert nach der 5. Auflage, Basel 1981), S. 296.
[2] Im Katalog zur Ausstellung *Georg Baselitz. Reise in die Niederlande*, Stedelijk Museum, Amsterdam 1999, ist auf Seite acht eine Raumaufnahme aus dem Van Abbemuseum reproduziert. Von Baselitz hat Fuchs wohl auch deshalb das Gemälde *Hockender weiblicher Akt* von 1977 gewählt, weil es unterhalb der kriechenden Figur eine grosse, weisse und »kubische« Fläche zeigt; Farbabbildung des Gemäldes auf Tafel 26 des erwähnten Kataloges.
[3] Dieter Schwarz, »A Propos des Damiers«, in: *Jean-Luc Manz*, Kunsthalle, Winterthur; Halle Sud, Genf; Musée des beaux-arts, La Chaux-de-Fonds 1988, S. 25. Die von Jean-Luc Manz gefundenen geometrischen Formen sind weniger mit dem Ready-made im Sinne eines beliebigen, serienmässig hergestellten Gegenstandes in Verbindung zu bringen, wie das Dieter Schwarz tut, als mit der weniger radikalen Form des Objet trouvé. Wenn Manz etwa bei *le petit commerce* von 1998 die gefundene geometrische Form nicht nur ideell, sondern auch reell - d.h. als ein herausgeschnittenes Stück Einpackpapier - übernimmt, wird deutlich, dass es ihm sehr wohl auf die Form ankommt, ähnlich wie den Künstlern des Nouveau Réalisme, insbesondere jenen, die mit Plakatabrissen arbeiten.

LINES OF LIFE

PAUL TANNER

There is scarcely a single critic who has failed to refer to the motif of the chessboard in Jean-Luc Manz's work, and to analyze it. Manz clearly prefers strict image patterns such as the chessboard. But open and unstable dimensions resulting from absent borders can be encountered in Manz's pictures just as often. Here and there one can discover a grid consisting of vertical and horizontal straight lines, drawn with a ruler. The organization of the image is indisputably important for Manz, and in a polychrome lithograph, for example, he finds it even worth the trouble to use an additional stone. In most cases, however, this lineal structure is drawn and printed so finely that it only determines the fields very delicately. As far as the chessboard is concerned, it is crucial that you need some intuition to perceive it. Furthermore, it presumably depends mainly on the temperament of each individual viewer whether he or she notices the inherent co-ordinate system, or else overlooks it.

At the centre of Manz's œuvre are people and their everyday surroundings. Human emotions, moods and feelings are hidden behind the lines and austere geometric fields - more than one would perhaps suppose at first sight.

At the end of the twentieth century we have learnt at least one thing from the course of art history: that the question as to who will emerge victorious from the battle between figurative and abstract art has become futile. In the mid-fifties, however, the situation was quite different. When the Baltic-French painter Nicolas de Staël stopped his advance into abstraction in 1952, and returned to the figure and landscape, this was interpreted as a "betrayal of the cause" even by the otherwise so clear-minded art critic and museum director Georg Schmidt. In the 1960 exhibition *concrete art – 50 years of development* in Zurich's Helmhaus, Max Bill successfully presented the development and transformation of international concrete art. Ten years later, under the leadership of precisely this exponent of Zurich concrete art, the same exhibition hall gave an overview of *Figurative Painting and Sculpture*. Unfortunately (or intentionally?), the jury restricted itself to paintings and sculptures by Zurich artists. With this selection Bill was easily able to show that in the meantime figurative painting had become void of content and substance. The catalogue was supposed to include a preface by Bill which, however, was judged to be an inappropriate critique by most of the artists represented in the exhibition. They threatened to withdraw their paintings from the exhibition "if the preface is not removed from the catalogue". "Under the circumstances," the Mayor of Zurich wrote in an insert to the catalogue, "Professor Max Bill has complied with our wish that his preface is not published in the catalogue." The gap between the two camps, which was of an ideological nature, could scarcely be bridged at that time. Even in the early eighties, Georg Baselitz and Donald Judd found it a rather improper encounter of two different artistic camps when Rudi Fuchs confronted a Baselitz painting with a wooden floor object by Judd in the Stedelijk Van Abbemuseum in Eindhoven.

Jean-Luc Manz ranks among a generation of artists which has long since overcome the opposition figurative - concrete, and he has made himself at home artistically on both sides of the divide, without respecting certain legitimate rules for 'changing camps' which in this case could mean, for instance: only allowing figurative elements in abstract surroundings if done in an alternative medium, say, in the form of a collage of photos or newspaper illustrations. If the series of Manz's prints starts with a head (Cat. 1, Fig. p. 1), as it might appear in a lithograph drawn in the traditional way of the forties or fifties; and if on another sheet *petit frère* (Cat. 13, Fig. p. 39) or *Lulu* (Cat. 19, Fig. p. 42) meets our gaze from a quadrangle, and if a young African offers us the gift of his radiant smile in a photograph (Cat. 37, Fig. p. 78), this is not because Manz temporarily wanted to break away from pure geometry. To be sure, the first portrait, drawn on a lithographic stone one evening together with Jean Crotti while enjoying a bottle of wine in Raynald Métraux's studio, looks like a first draft, and even a bit like a joke. But Crotti's part in this lithograph may at that time have been the greater one.

Figurative elements will remain an indispensable part of Manz's art even and especially when it speaks the language of geometry. He is just as familiar with figurative art as he is with geometric, abstract art. He is continually surrounded both by art of the first kind and by his own geometrical forms, whether at home in Lausanne or at his second residence in Cairo, namely in the form of the works by his artistic alter ego, friend and companion, Jean Crotti. For many years he has sporadically staged joint exhibitions with Crotti in which works of the two artists are often directly confronted. In 1987 Manz did a group of works on paper, combining abstract and figurative elements, a technique tolerated since the Cubist collages. They show a chessboard pattern drawn in ink on one half of a sheet, whereas postcards showing antique vases have been glued to the other half. In 1988 Dieter Schwarz described this mix as a "dialogue between objet trouvé and autonomous representation" set into motion here by Manz. In fact, the artist simply found (and hardly invented) the postcards as well as the chessboard.

There is scarcely a single geometric form by Manz which has not been directly derived from everyday life! For Manz, such derivations are a crucial stimulus for laying out geometric forms; he never intends to posit a straight line, a circle or square to signal a new order within a 'world of chaos'. The type-setting on page 48 of the Monday edition of *24 Heures* on 10 April 1978 is in two colours, as it was usual for this daily newspaper in the French-speaking Switzerland at that time. Certain headings, the border of an inset, and individual thick lines are printed in red. Two such lines caught Manz's attention. He painted over the entire page of the newspaper in white except for the two red lines, rotated the sheet by ninety degrees, and his white painting with two red lines was complete! In the seventies, Manz began to extract geometric compositions from the flood of images and texts from everyday life by way of painting them over. This drawing was later used as the model for an offset print which Manz contributed more than ten years later, in 1989, to the portfolio *M/2* (Cat. 9, Fig. p. 43). The formative process for the diptych realized in 1998 was essentially the same (Cat. 35, Fig. pp. 76-77). In this case he was stimulated to do a bipartite lithograph by the painted design on the sliding doors of a shoe-locker in the corridor of his apartment -

coloured dots on a yellow background. He separated the yellow surface from the dots but faithfully adopted the arrangement of the dots. His paintings, drawings, and printed works are characterized just as much by aloofness and concentration as by intimacy and emotional impulse. Moreover, his formal austerity is often balanced by an explicitly sensuous subjectile: an exquisite rice paper, hand-made vellum paper or even the coarse woven structure of a piece of estamin. In cases even a 'frayed' edge of paper answers the geometry.

Recollections of a young friend, Chai, whom Jean-Luc Manz had got to know a few months before he died of cancer, resonate in the thin lines on a series of paintings from 1995 entitled *Pleurs de cendres*. The extremely narrow, delicately drawn stripes in one painting may refer to the blue of the sky, and in another to the brown of the earth in which the dead friend rests. The tripartite series of graphic works *portrait* from the same year is formally very close to the paintings. Reference to Manz as the artist doing the portrait is now stronger, as indicated by the accompanying text (Cat. 25, Fig. p. 59). The lithograph *l'ami africain* from 1997 represents a cheerful kind of portrait. Three luminous yellow dots hover between two stripes of blue and red triangles. Here too, an extremely fine web of lines, for which of course a stone had to be especially prepared, achieves a discreet order.

Is it a case of 'risking one's neck' in the series of lithographs, *col de chemise*, from 1998 (Cat. 32, Fig. p. 73)? The basic forms circle, square and triangle, which are here truncated, halved or inserted at the upper edge of the sheet as a representation of collar jewellery, were employed by Manz already in 1991 and 1992 as the sign of a face – his own face, *Lulu's* face. The same shapes have been left blank in a multiple, a standard lamp, as small openings which allow light to radiate also laterally. In a similar way, small squares, triangles and round openings cut out with a laser beam provide subtle perspectives in a recently created translucent plastic screen.

Just as the daily newspaper and familiar objects have inspired the artist since the late seventies to do paintings and prints, life in Cairo, where Jean-Luc Manz and Jean Crotti have been living for a few months each year since 1992, has opened up a completely new range of stimuli. Patterns (Cat. 38, Fig. p. 79), ornaments (Cat. 21, Fig. pp. 51-53), advertising signs (Cat. 32, Fig. p. 73) and printed wrapping paper (Cat. 34, Fig. p. 75) have offered rich pickings. While earlier works still strongly refer to paintings from art history, such as those of the Russian Suprematists, the time spent in this oriental metropolis has led to downright artistic liberation. Since Manz does not have any studio in Cairo, his work concentrates on drawing and preparations for prints. Up to now, it is the works on paper that have benefited most of all from *Cairo's sunshine* and its pulsating life.

Jean-Luc Manz 87

UNE FEMME NUE + UN CHEVAL DE BATAILLE = UNE QUELCONQUE ANECDOTE

CHRISTOPHE CHERIX

Les différentes études publiées à ce jour sur le travail de Jean-Luc Manz abondent en comparaisons et en références historiques. A raison, car, l'œuvre multiplié – dont ce catalogue dresse l'inventaire –, convoque largement les diverses tendances de l'abstraction géométrique de la seconde moitié du vingtième siècle. Tel damier rouge et noir (cat. 3, fig. p. 25), telle forme elliptique rouge (cat. 6, fig. p. 30), ou encore telle utilisation ready made d'une composition trouvée (cat. 4, fig. pp. 26-27), sont autant de propositions largement tributaires d'usages antérieurs propres à la peinture non figurative (citons, par exemple, Ellsworth Kelly, Blinky Palermo et John Armleder). Au premier abord, leur réemploi semble pourtant ici dénué de tout caractère critique, au vu de l'absence d'une position véritablement établie quant aux enjeux contemporains de l'abstraction.

Lorsque commentaire il y a, celui-ci joue l'esquive en relativisant la portée du geste artistique. Ainsi, un portefeuille de 1992 (cat. 16, fig. pp. 44-45) s'accompagne d'un petit texte anonyme qui, paradoxalement, s'attache à détourner son lecteur des enjeux potentiels des images qui lui sont présentées. Après avoir indiqué que les trois pierres lithographiques utilisées dans ce travail portent des dessins étrangers à l'artiste et, que celui-ci se les est attribués en faisant retirer les matrices à son compte, le narrateur anonyme conclut: «[...] rien ne retient Lulu [une fois l'œuvre faite] de jeter ses cailloux dans l'eau sous le soleil, à la barbe du ready made, de l'abstraction et du décor évidemment». Là où ailleurs, le fait de reprendre telle quelle une composition trouvée (et de surcroît au statut sans doute para-artistique) pourrait dénoter une volonté polémique – l'alter ego de l'artiste, Lulu – préfère quant à lui s'en aller «à la plage», comme si tout cela était sans grande conséquence. Comment percevoir alors ces images?

En tant que telles, elles n'ont en effet qu'un intérêt limité: des signes presque graphiques de couleurs primaires (fragments d'arcs, points, petits traits sur le pourtour d'un demi-cercle suggéré), disposés sans véritable organisation interne. Ces motifs s'offrent-ils à une hypothétique appropriation, à une intégration dans le cadre d'une structure plus large? Et c'est au moment précis où surgissent ces interrogations que l'artiste choisit de quitter la scène. On arguera que si Manz a décidé de recycler à son profit ces compositions, c'est qu'elles entrent en résonance avec sont propre travail. Et que les planches ici décrites ne font sens que comme fragments d'une démarche prise dans sa totalité.

Manz s'est en effet progressivement doté d'un ensemble de formes (le disque, le triangle, le carré, le rectangle), d'une palette de couleurs (le bleu, le rouge, le jaune, le vert et le noir) et d'un cadre d'intervention (le plan). Une fois les règles mises en place (ouvertes, comme il se doit, à toutes exceptions), le «joueur» opère permutations, recouvrements, décalages et inversions des formes et des couleurs qu'il s'est assignées. Telle composition génère ainsi parfois des variantes, explorant en cela un nombre défini de possibilités. La logique qui sous-tend ce processus de production n'est toutefois pas d'ordre mathématique ou sériel (au sens où l'art minimal est un art sériel). Très souvent en effet, l'apparente rigueur de l'image est contredite par le léger déplacement d'un motif. De plus, aucun système bien défini ne semble être véritablement appliqué. Ainsi en est-il de tel diptyque de 1998 (cat. 35, fig. pp. 76-77): un monochrome jaune sur la partie gauche, deux disques noirs et trois rouges flottant sur un fond vierge sur la droite. A l'instar des trois planches composant *Lulu à la plage* (cat. 16, fig. pp. 44-45), c'est la lithographie qui est ici employée. A première vue, rien ne distingue la planche de droite des trois «images trouvées» de 1992, si ce n'est peut-être une impression d'équilibre et de stabilité naissant de sa proximité au monochrome de gauche – rappelons en effet que le triptyque semblait dépourvu de toute organisation interne. A regarder de plus près les lithographies récentes, en optant résolument pour une approche formelle de l'art, force est de reconnaître qu'il se joue là plus qu'il n'y paraît et que l'atmosphère rassurante qui en émane est la résultante d'une construction méticuleusement agencée.

Une surface plane d'une seule couleur est habituellement exclusive. Définitive et absolue, elle symbolise l'avènement et la disparition de la peinture moderne: du *Carré blanc sur fond blanc* de Malevitch – véritable machine à catalyser d'espace – aux *White Paintings* de Rauschenberg – simples écrans de projection. Entre les deux extrêmes de cet univers borné, existe une infinité de variations qui, toutes, s'étalonnent sur ces modèles. Autant dire que la perception d'un monochrome n'est pas chose facile aujourd'hui: tant il ne se définit que par son contexte et le tribut qu'il porte à tel ou tel usage de l'art. Exécuter un monochrome, même à une seule occasion, n'est donc pas un geste gratuit tant il sollicite la culture de l'honnête homme de ce siècle. Y adjoindre un pendant, comme le fait Jean-Luc Manz, c'est se mesurer à son aura et à sa capacité de s'établir dans l'espace.

Le feuille de droite du diptyque ne joue que de quelques éléments: des disques de même taille et deux couleurs. Les cinq ronds sont disposés par rapport aux deux diagonales virtuelles formées par la réunion des coins opposés de la feuille. Les deux disques noirs sont placés sur la ligne reliant le coin inférieur droit au coin supérieur gauche, alors que les trois disques rouges sont positionnés par rapport à la diagonale inverse. Ils tracent donc dans l'espace de la feuille une croix très sommaire, car aucun ne se situe au centre de l'une des diagonales. Si les deux disques noirs ne sont que décentrés, les trois disques rouges s'en tiennent à distance (l'un l'affleure et les deux autres sont disposés de part et d'autre sans la toucher). De ce fait, le placement défavorable des rouges se voit habilement contrebalancé par leur nombre supérieur. L'action semble ainsi parvenir à son but: signifier la croix sans imposer son statisme et revenir à une opposition classique de deux couleurs, certes mises à égalité mais animées désormais d'une tension interne forte. Enfin aptes, aimerait-on suggérer, à rivaliser avec l'étendue jaune qui les jouxte. Les deux feuilles atteignent en effet le même équilibre, mais par des moyens radicalement différents: l'une s'impose comme une expérience contemplative (elle est espace), l'autre comme une mise en fonction d'un vocabulaire abstrait (elle devient espace).

Il y a dans l'œuvre de Jean-Luc Manz une dimension fondamentalement ludique, non qu'il donne véritablement à jouer mais qu'il joue lui-même. Certaines compositions paraissent ainsi s'élaborer comme une partie de jeu de dames. Face à une situation donnée, il avance ou retire ses pions jusqu'au moment où ceux-ci constituent un ensemble actif (mais contraint) sur l'échiquier. Simplement, ses pions sont des formes qu'il manipule à sa guise sachant la peinture abstraite aujourd'hui prise en otage de ses propres règles et finalement prisonnière d'une aire de compétence si longtemps tenue comme seule garante de son indépendance. Alors pendant qu'elle ressasse encore et toujours la phrase canonique de Maurice Denis voulant qu'avant d'être autre chose, elle soit essentiellement une surface plane recouverte de couleurs en un certain ordre assemblé, Manz la capte, la détourne, s'en amuse pour mieux nous séduire de ses prouesses formelles. Car il n'ignore pas qu'aujourd'hui il n'est de peinture qui ne soit pas tout à la fois «ready made, abstraction et décor». Comment peindre sans reprendre les compositions des autres, comment regarder un tableau – qu'il soit «femme nue, cheval de bataille ou une quelconque anecdote» (Maurice Denis) – autrement que comme une abstraction, comment voir dans le musée de notre temps autre chose que la mise en scène douteuse de notre culture? Mais ne nous hâtons pas de conclure que le vocabulaire abstrait de Manz soit un refuge, une façon de prendre en compte le passé sans se heurter au présent. N'oublions pas en effet que, si la peinture n'est plus qu'un jeu il n'existe pas de jeu sans une stratégie le débordant et que dans le jeu, c'est le monde tout entier qui se joue.

A NUDE WOMAN + A WARHORSE = ANY OLD STORY

CHRISTOPHE CHERIX

The existing studies of Jean-Luc Manz abound in historical references and comparisons. And understandably so, for his work, whose multiple aspects are surveyed in this catalogue, draws copiously on the vocabulary of geometrical abstraction from the second half of the twentieth century. Thus, his red and black chequers (Cat. 3, Fig. p. 25), his red elliptical form (Cat. 6, Fig. p. 30), or the ready-made use of a found composition (Cat. 4, Fig. pp. 26-27) all constitute propositions that owe much to earlier practitioners of non-figurative painting (Ellsworth Kelly, Blinky Palermo and John Armleder are among those who come to mind). At first glance, they seem to have been recycled here without a hint of critique, as if the artist had no real position with regard to the issues of contemporary abstraction.

When critics do venture to comment, they usually dodge the issue by relativising the importance of the artistic gesture. For example, the short text accompanying a portfolio from 1992 (Cat. 16, Fig. pp. 44-45) sets out to divert readers from the questions that might be raised by the images they have before them. Having pointed out that the drawings on the three lithographic stones used for this piece of work are not by Manz himself, and that Manz appropriated them by having the dies recast for his own use, the anonymous narrator concludes: "[once the work has been made] there is nothing to stop Lulu from throwing his stones into the water, in the sunlight, in defiance of the readymade, of abstraction and, it goes without saying, of the setting." In these works or in others, the deliberate use of a found composition (and perhaps para-artistic), could be taken to signal a polemical outlook. But the artist's alter ego, Lulu, prefers to go "down to the beach", as if none of this mattered very much. How, then, are we to consider these images?

In themselves, they are indeed of limited interest: quasi-graphic signs in primary colours (fragments of arcs, dots, small lines on the perimeter of a suggested semicircle), put down with no real internal organisation. Are these motifs placed here ready to be appropriated, integrated into some larger structure? It is precisely at the moment when these questions come to mind that the artist decides to vacate the scene. Still, it can be argued that if Manz did decide to recycle these compositions to his own advantage, it is because they enter into resonance with his own work. And that the plates described here are meaningful only if seen as fragments of a global method.

It is certainly true that Manz has gradually acquired a set of forms (disc, triangle, square, rectangle), a palette (blue, red, yellow, green and black), and a framework in which to act (the plane). Once these rules are established (including, it goes without saying, their exceptions), the "player" sets about combining, juxtaposing, contrasting, and inverting the forms and colours he has assigned to himself. Thus a given composition may generate variants, exploring a defined number of possibilities. The logic underpinning this process of production is not, however, mathematical or serial in nature (in the sense that Minimal Art is serial). For, very often, the apparent rigour of the image is contradicted by the subtle displacement of a motif. Moreover, the artist does not seem to be applying any clearly worked-out system. Take for example a diptych from 1998 (Cat. 35, Fig. pp. 76-77): on the left we see a yellow monochrome and, on the right, two black discs and three red ones floating over a blank ground. As with the three plates of *Lulu à la plage* (Cat. 16, Fig. pp. 44-45), the technique used is lithography. At first glance, there is no difference between the image on the right and the three "found images" of 1992, except perhaps the impression of balance and stability due to the proximity of the monochrome on the left (as we recall, the triptych seemed devoid of internal organisation). When we look more closely at the recent lithographs, taking a resolutely formal approach, we have to recognise that there is more to them than meets the eye, and that the reassuring atmosphere they exude is the result of a meticulously ordered construction.

A flat surface with only one colour is usually exclusive. Definitive and absolute, it symbolises the advent and the end of modern painting, from Malevich's *White Square on White Ground*, that machine for catalysing space, to Rauschenberg's *White Paintings*, which are simple projection screens. Between the two extremities of this limited universe there exists an infinite number of variations, each of which is measured against these models. In short, there is nothing simple about our perception of the monochrome, such is the extent to which it is defined only by its context and the tribute it makes to one artistic custom or another. To make a monochrome, even if only once, is no innocent gesture, for it implies knowledge of this century's cultural baggage. To append another painting thereto, as Manz does here, is to measure oneself against its aura and its capacity to occupy space.

The right-hand sheet deploys only a few elements: the discs, all the same size and in two different colours. The five circles are laid out in relation to the two virtual diagonals running between the corners of the sheet. The two black discs are placed on the line linking the lower right-hand corner to the top left-hand corner, and the three red discs are placed in relation to the opposing diagonal. They therefore form a very vague cross, for none of the discs is actually centred on a diagonal. While the two black discs are decentred, the three red ones stand shy of the line (one barely touches it, the others are on opposite sides, neither touching). Consequently, the unfavourable positioning of the reds is cleverly counterbalanced by their numerical superiority. The action thus seems to attain its goal: to signify the cross without imposing it as a static form, and to return to a classical opposition between two colours which, while certainly put on an equal footing, are alive with a powerful internal tension. At last, it is tempting to suggest, they can compete with the neighbouring expanse of yellow. The two sheets do indeed achieve the same equilibrium, but using radically different means: one comes across as a contemplative experience (it is space), the other as the functional application of an abstract vocabulary (it becomes space).

There is thus a fundamentally playful dimension to the work of Jean-Luc Manz. Not that he presents us with a game, but that he himself is playing one; some of his compositions seem to be worked out like a game of draughts. In a given situation, he moves his pieces forward or back until they constitute an active (but restricted) formation on the board. His draughts are the forms that he manipulates as he sees fit, in the knowledge that today abstract painting is hostage to its own rules and, ultimately, the prisoner of a zone of application that for so many years has been taken as the sole guarantee of its independence. And so, while it continues to mull over Maurice Denis's canonic words about such art being first and foremost a flat surface covered with colours assembled in a certain order, Manz captures it, diverts it, and plays with it the better to charm us with his formal prowess. For he is well aware that these days there can be no painting that is not simultaneously "readymade, abstraction, and decoration". How can one paint without reproducing the compositions made by others; how can one look at a painting – be it "a nude woman, a warhorse or any old story" (Maurice Denis) – except as an abstraction; how can one see our modern museums as anything but the dubious mise-en-scène of our culture? But let us not conclude too hastily that Manz's abstract vocabulary is a refuge, a way of taking on board the past without confronting the present. Let us not forget that, if painting is now nothing more than a game, then there are no games without strategies that overflow their limits and that, in games, the whole world is put into play.

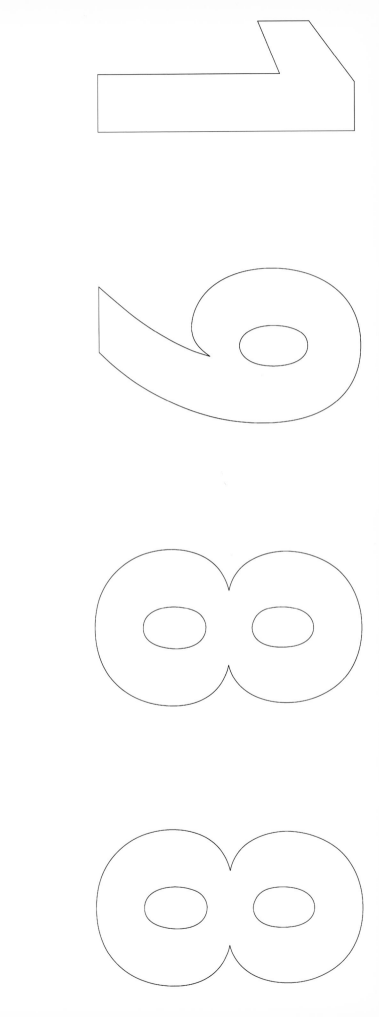

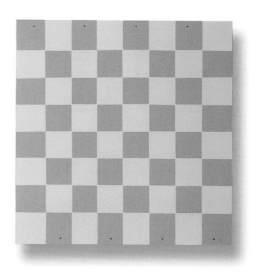

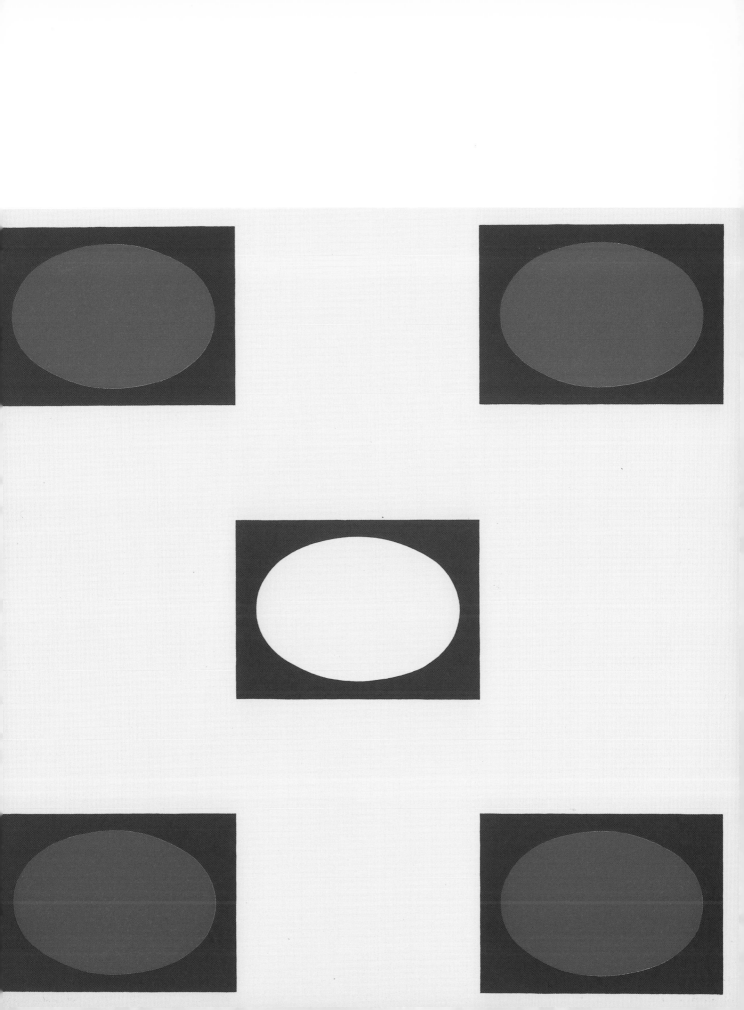

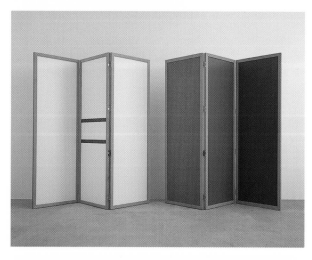

Lulu à la plage

Trois pierres repérées par hasard,
parmi d'autres, chez le lithographe; ce
sont des pierres usagées, probablement
utilisées pour l'impression de motifs
décoratifs appliqués à la porcelaine.

Sur la première, des lignes comme des
fragments de cercles disposés
concentriquement; sur la deuxième, des
points disséminés sans ordre sur toute
la surface; sur la dernière enfin, des
corpuscules, ni point ni ligne, qui
ondulent à moins qu'ils ne rayonnent.

Reste la couleur de l'encre; le bleu,
le rouge, le jaune, sortis du tube,
n'ont pas de peine à s'imposer.

Dès lors, rien ne retient Lulu de jeter
ses cailloux dans l'eau sous le soleil,
à la barbe du ready made, de
l'abstraction et du décor évidemment.

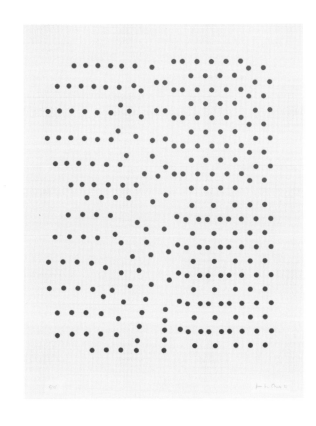

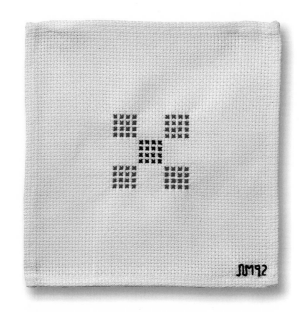

Jean   Crotti
et
Jean-Luc   Manz

peintres

Où es-tu parti si longtemps, Lulu ? En Egypte. Il ne sait pas exactement ce qui s'est passé. Il commit même quelques extravagances. Il cligne des yeux en contemplant le soleil rouge qui descend à l'instant. Ce soir-là, le repas s'éternisa et la veillée se prolongea tard dans la nuit. Le rire d'Ali fusait. Des yeux noirs qui semblent manger tout vifs les passants. A l'aube, il se réveilla et dès le premier rayon du soleil, il lui sembla que ses soucis s'étaient envolés pour toujours. Il s'assit devant la table adossée à la fenêtre et tout en regardant «la Mère du Monde» s'éveiller, il commença à dessiner.

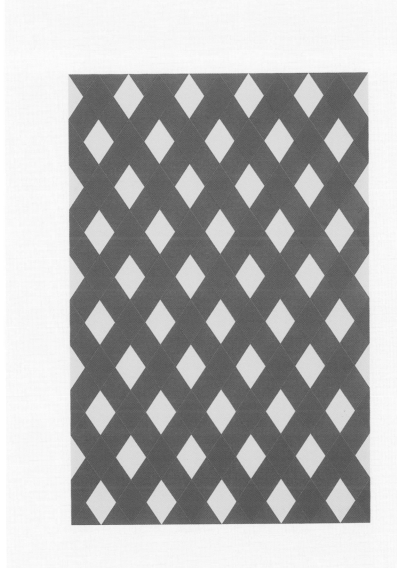

53

Al. Basa

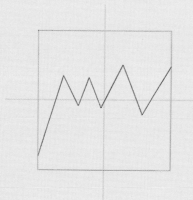

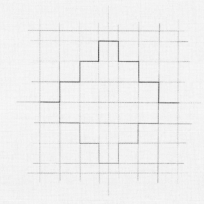

2/9   le Mont Analogue II   Jean-Luc ...

Portrait et porte-mine

Gabarit qui porte les versions; modèle diaphane sur lequel s'empileront les moindres mesures et les petites alternances.

Horizontales et verticales se croisent sans s'arrêter pile, parce que le portrait n'étant pas une certitude, la configuration de l'image à venir n'est, elle non plus, pas arrêtée.

Ces images/portraits se posent comme les expressions successives d'un visage, comme pour en user toutes les variantes, comme pour atteindre à un éclatement de personnalité qui briserait les limites qui est à chaque fois entrevu dans le miroir mental de notre pensée.

La visagéité est le minimum perçu; le point le plus ténu avec une abstraction à laquelle on rattache un visage-JE qui s'aligne malgré tout, malgré soi.

Et, en finalité, les traits du visage ou bien les traits de l'esquisse grise – faits au crayon, à la mauvaise mine – transpirent d'insécurité, traits qui, tout en longeant la règle, tremblent de fragilité. Où s'arrête la décision, le trait? Pour ne pas trop s'imposer, pour éviter l'insistance, le tracé se dépose le plus légèrement possible sur le papier. Tandis que l'esquisse s'équivaut dans tous les sens, tel un portrait-robot dépersonnalisé, les traits de couleurs renforcent le gabarit en marques horizontales (comme le sont les lèvres et les sourcils) qui griment la visagéité.

L'apparence peut alors enfin être prise pour l'incarnation même de la relativité des choses: la rigueur est fêlée par l'impossibilité de contourner la fragilité matérielle. La régularité est minée d'aléas approximatifs.

Et à la question «ça va?» se renvoie inlassablement la réplique «ça va!», qui n'est qu'une répétition de la question posée qui ne répond à rien et ne montre rien, qui ne sait pas ce qui va ni comment ça va, qui témoigne de l'imprécision de la connaissance de notre propre état-visage, multiple, entremêlé de mineures, déclinant notre aspect incertain, vague et mal défini. Tout cela malgré le premier coup d'œil.

Robert Ireland

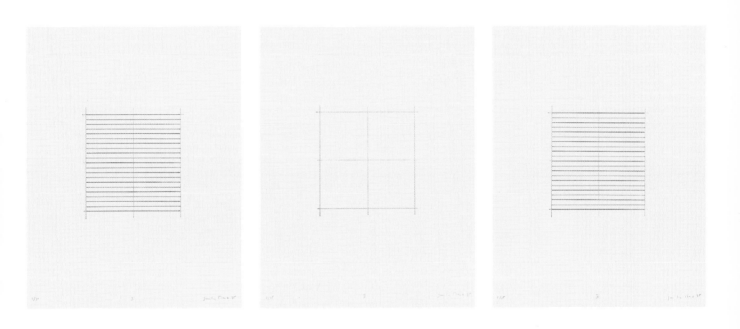

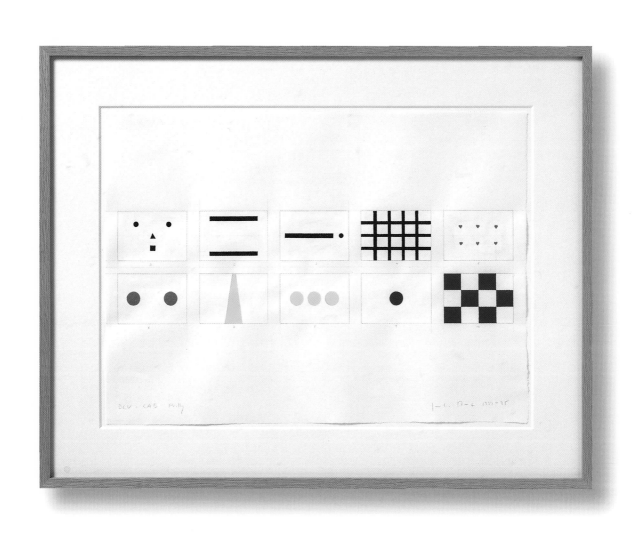

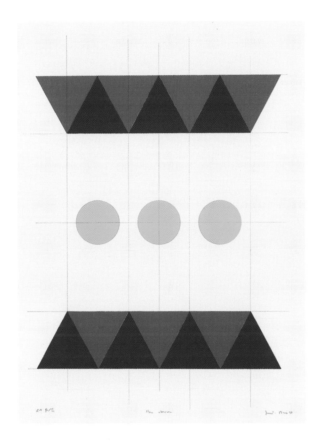

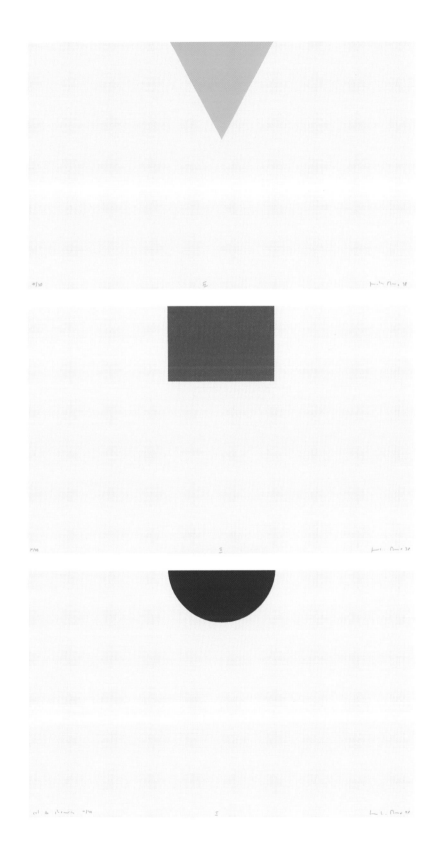

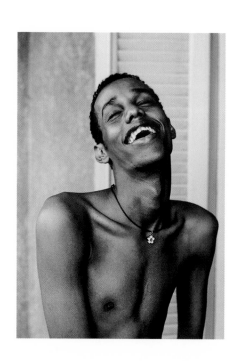

Jean Crotti

et

Jean-Luc Manz

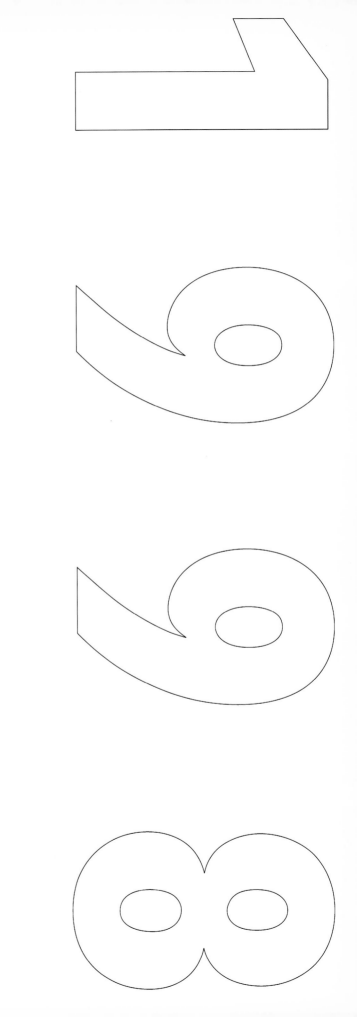

KATALOG DER EDITIONEN (Druckgraphik und Multiples)

ZUSAMMENGESTELLT VON PAUL TANNER

Wo nichts anderes vermerkt, wird jeweils das Exemplar im Besitz der
Graphischen Sammlung der ETH Zürich beschrieben und abgebildet.

1 Abb. S. 1
o.T. 1987
In Zusammenarbeit mit Jean Crotti entstanden
Lithographie, Expl. 4/5, épreuve d'artiste
Drucker: Raynald Métraux, Lausanne
Blattgrösse: 38,0 x 27,8 cm
Einer von fünf Probedrucken

2 Abb. S. 13
o.T. 1987
Für eine Glückwunschkarte, im Auftrag von Catherine Duret, Genf
Tusche, 1 von 50 Expl.
Blattgrösse: 20,5 x 14,5 cm

3 Abb. S. 25
o.T. 1988
Editions Pierre Keller, Grandvaux
Siebdruck, Druck in Rot und Schwarz, Expl. 42/50,
zudem 10 Expl. é.a., römisch numeriert
Drucker: Albin Uldry, Bern
Blattgrösse: 60,1 x 45,4 cm

4.1-2 Abb. S. 26-27
Schachbrett. 1988
Editions Pierre Keller, Grandvaux
Multiple, Siebdruck in Schwarz bzw. Gelb auf Karton,
auf zwei Holzleisten befestigt, in Kartonschuber,
Expl. 5/17 bzw. 12/17, zudem je 2 Expl. é.a., römisch numeriert
Drucker: Ramos, Montreux
Objektgrösse: je 29,7 x 29,7 cm

5 Abb. S. 29
o.T. 1989
Edition Management-Zentrum, St. Gallen
Lithographie, Druck in Blau und Rot, Expl. X/X, é.a.,
zudem 100 Expl., arabisch numeriert,
als Neujahrsgabe des Management-Zentrums, St. Gallen
Drucker: Urban Stoob, St. Gallen
Blattgrösse: 56,5 x 55,3 cm

6 Abb. S. 30
o.T. 1989
Edition Galerie Susanna Kulli, St. Gallen
Lithographie, Druck in Rot, Expl. 17/30
Drucker: Urban Stoob, St. Gallen
Blattgrösse: 27,1 x 21,1 cm

7 Abb. S. 31
o.T. 1989
Edition Galerie Susanna Kulli, St. Gallen
Lithographie, Druck in fünf Farben, Expl. 4/75,
zudem 10 Expl. é.a., römisch numeriert
Drucker: Urban Stoob, St. Gallen
Blattgrösse: 21,2 x 27,1 cm

8 Abb. S. 42
tapis. 1987/89
Multiple, Teppich, 1 Expl.
Realisiert durch R. Design, Fulenbach
Einziges Exemplar einer Edition, die später nicht ausgeführt wurde
Objektgrösse: 200 x 300 cm
Sammlung Bruno Meyer, Lausanne

9 Abb. S. 43
o.T. 1989
Edition M/2, Vevey
Einer von 25 Beiträgen verschiedener Künstlerinnen und Künstler
zum Portfolio *M/2 87-89*
Offset, Expl. 14/30 (Vorzugsausgabe), 700 Expl. auf Zeitungspapier,
zudem 25 Expl. é.a., römisch numeriert
Blattgrösse: 45,0 x 30,5 cm

10 Abb. S. 34
o.T. 1990
Edition Gymnase du Bugnon, Lausanne
Holzschnitt, Expl. 9/30
Drucker: Schüler des Gymnase du Bugnon, Lausanne
Bildgrösse: 14,9 x 14,9 cm
Blattgrösse: 49,9 x 32,5 cm

11 Abb. S. 35 (Raumansicht)
o.T. 1990
Edition des Künstlers
Multiple, Ölfarbe in Rot und Weiss auf Leinwand,
auf Chassis aufgezogen, Expl. III/XXI
Objektgrösse: 72,0 x 16,0 cm

12 Abb. S. 36
o.T. 1991
Edition Raynald Métraux, Lausanne
Lithographie, Druck in Gelb und Blau, Expl. 1/9
Drucker: Raynald Métraux, Lausanne
Bildgrösse: 27,8 x 69,6 cm
Blattgrösse: 30,4 x 72,5 cm

13 Abb. S. 39
petit frère. 1991
Edition Gymnase du Bugnon, Lausanne
Monotypie und Bleistiftzeichnung,
1 von ca. 14 verschiedenen Exemplaren
Drucker: Schüler des Gymnase du Bugnon, Lausanne
Blattgrösse: 65,0 x 50,2 cm

14.1-2 Abb. S. 41
o.T. (Diptychon). 1991
Edition Biz-Art, amicale des arts, Valais
Lithographie, Druck in Blau bzw. Rot, Expl. III/IV, é.a.,
zudem 34 Expl., arabisch numeriert
Drucker: Raynald Métraux, Lausanne
Blattgrösse: je 21,0 x 17,0 cm

15 Abb. S. 42
paravent. 1991
Edition für die Ausstellung *paravent/multiples*, Galerie Lionel Latham, Genf
Multiple, dreiteiliger Paravent, 1 von 2 Expl.
Objektgrösse: 170 x 58 + 58 + 58 cm
Im Besitz des Künstlers

16.1-3 Abb. S. 44-45
Lulu à la plage. 1992
Edition Raynald Métraux, Lausanne
Portfolio mit drei Lithographien in Umschlag und Mappe, Druck in Blau, Rot
und Gelb, Expl. 6/15, zudem 5 Expl. h.c.
Blattgrösse: je 65,9 x 50,2 cm
Mappengrösse: 78,7 x 57,6 cm

17 Abb. S. 47
o.T. 1992
Edition der Schweizerischen Graphischen Gesellschaft, Jahresgabe 1992
Lithographie, Druck in fünf Farben, Expl. 5/125, zudem 5 Expl. é. a.
Drucker: Urban Stoob, St. Gallen
Bildgrösse: 43,9 x 32,9 cm
Blattgrösse: 49,0 x 38,1 cm

18 Abb. S. 48
point de croix. 1992
Edition Sortiment, Basel
Multiple, Stickerei, Kreuzstich in Rot und Schwarz auf weissem Stramin,
auf Unterlagekarton, in Kunststoffhülle, Expl. 6/10
Objektgrösse: 19,7 x 19,7 cm

19 Abb. S. 42
Lulu. 1992
Edition für die Ausstellung *Images, formes et lumière*,
Jean-Pierre Goumaz, Lausanne
Multiple, Megaron-Stehlampe, 1 von 2 Expl.
Objekthöhe: 182 cm
Im Besitz des Künstlers

20.1-2 Abb. S. 49
Aschenbecher. 1993
Produziert in Kairo für die Ausstellung *à nous deux*, Ipsofakto, Lausanne
Multiple in Hellblau bzw. Blau, Gravur mit Pantograph,
Expl. 21/50 bzw. 41/50 (insgesamt 50 Expl.)
Objektgrösse: je 13,2 x 13,2 x 2,0 cm

21.1-3 Abb. S. 51-53
o.T. 1994
Editions Média, Neuenburg
Folge mit drei Siebdrucken auf Offset-Karton, Druck in drei Farben,
mit einem Titelblatt und einem Blatt mit Text von Jean Crotti,
in Pergamin-Umschlag, Expl. 26/40, zudem 4 Expl. é.a., römisch numeriert
Drucker: Marc Hostettler, Neuenburg
Bildgrösse: 44,0 x 30,0 cm
Blattgrösse: 62,0 x 44,0 cm

22 Abb. S. 55
Ali Baba. 1994
Edition Gruppe L, Stuttgart
Einer von 6 Beiträgen verschiedener Künstler zum Portfolio *L*
Lithographie, Expl. 52/60, zudem 5 Expl. é.a., römisch numeriert
Drucker: Raynald Métraux, Lausanne
Blattgrösse: 50,0 x 40,0 cm

23
le Mont Analogue. 1995
Edition Musée Jenisch, Vevey
Einer von drei Beiträgen, von Jean-Luc Manz, Michael Biberstein
und Gaspare O. Melcher zum Portfolio *A chacun sa montagne*
Radierung, Expl. 4/41
Drucker: Atelier St. Prex
Plattengrösse: je 20,2 x 17,4 cm
Blattgrösse: 47,0 x 32,5 cm

24.1-2 Abb. S. 56-57
le Mont Analogue I und II (Diptychon). 1995
Edition des Künstlers
Zwei Radierungen, Expl. 2/9
Drucker: Atelier St. Prex
Plattengrösse: je 20,2 x 17,4 cm
Blattgrösse: je 47,0 x 32,5 cm
le Mont Analogue II ist identisch mit Kat. 23.

25.1-3 Abb. S. 59
portrait. 1995
Edition Raynald Métraux, Lausanne
Folge von drei Lithographien, Druck in vier Farben, und einem Blatt
(Siebdruck) mit Text von Robert Ireland, in Kartonumschlag und
Kartonschuber, Expl. 2/35, zudem 5 Expl. h.c., römisch numeriert
Drucker: Raynald Métraux, Lausanne
Blattgrösse: je 41,0 x 32,0 cm

26.1-20 Abb. S. 60-61
o.T. 1994/95
(gezeichnete Zusammenfassung, 10 Sujets auf je einem Blatt)
Edition Banque Cantonale Vaudoise, Lausanne
Kunst für das CAB-Gebäude, Prilly
Siebdruck auf Inox, zwanzig Sujets, jeweils 4 Expl.
Drucker: Marc Hostettler, Neuenburg
Objektgrösse: je 50,0 x 74,0 x 6,9 cm
Banque Cantonale Vaudoise, Lausanne

27 Abb. S. 62
o.T. 1994/95
Siebdruck auf Inox, Probedruck (vgl. Kat. 26)
Drucker: Marc Hostettler, Neuenburg
Objektgrösse: 50,0 x 74,0 x 6,9 cm

28 Abb. S. 64
now get it! 1997
Edition R2/12, Genf
Siebdruck, Druck in Zinnoberrot, Expl. 1/12,
zudem 4 Expl. é.a., römisch numeriert
Drucker: Duo d'Art, Genf
Blattgrösse: 69,0 x 99,3 cm

29 Abb. S. 65
l'ami africain. 1997
Edition Pensionskasse Pensimo, Zürich
Lithographie, Druck in vier Farben, Expl. III/XV, é.a., zudem 100 Expl.,
arabisch numeriert: Neujahrsgabe der Pensionskasse
Drucker: Urban Stoob, St. Gallen
Blattgrösse: 75,9 x 55,9 cm

30 Abb. S. 70
o.T. 1997
Edition Urban Stoob, St. Gallen
Lithographie in vier Farben, Expl. 1/25,
zudem 5 Expl. é.a., römisch numeriert
Drucker: Urban Stoob, St. Gallen
Blattgrösse: 75,0 x 100,0 cm

31 Abb. S. 69
l'organisation. 1997
Edition Urban Stoob, St. Gallen
Lithographie (Zeichnungsstein für Kat. 30), Expl. 3/3
Drucker: Urban Stoob, St. Gallen
Blattgrösse: 104,4 x 77,9 cm

32.1-3 Abb. S. 73
col de chemise I-III. 1998
Edition Verein für Originalgraphik, Zürich
Lithographie, Druck in Rot, Gelb bzw. Blau, Expl. 10/40,
zudem 5 Expl. é.a., römisch numeriert
Drucker: Urban Stoob, St. Gallen
Blattgrösse: je 30,0 x 48,0 cm

33.1-3 Abb. S. 72
Cairo's sunshine I-III. 1998
Lithographie (Wiederverwendung der Steine von Kat. 32),
Druck in zwei bzw. drei Farben, Unikate
Drucker: Urban Stoob, St. Gallen
Blattgrösse: je 29,7 x 21,0 cm

34 Abb. S. 75
le petit commerce. 1998
Edition für die Ausstellung *commerce,* Galerie Gaxotte, Pruntrut
Multiple, Offset, in Kairo gefundenes, bedrucktes Einpackpapier,
Expl. 1/12
Blattgrösse: 10,0 x 15,0 cm

35.1-2 Abb. S. 76-77
o.T. (Diptychon). 1998
Edition Raynald Métraux, Lausanne
Lithographie, Druck in Gelb bzw. Rot und Schwarz, Expl. 1/20,
zudem 5 Expl. é.a., römisch numeriert
Drucker: Raynald Métraux, Lausanne
Blattgrösse: je 41,0 x 32,0 cm

36 Abb. S. 80
Jean Crotti et Jean-Luc Manz. 1998
Katalog zur Ausstellung im Musée jurassien des Arts, Moutier
Künstlerbuch, Fotokopien, Expl. 4/50
Buchgrösse: 29,2 x 20,3 cm

37 Abb. S. 78
Sodewou. 1998
Edition des Künstlers
Photographie, Barytabzug, Expl. 4/4
Bildgrösse: 26,0 x 18,5 cm
Blattgrösse: 30,3 x 23,8 cm

38 Abb. S. 79
o.T. 1998
Edition des Künstlers
Multiple, industriell hergestellte (Firma Konrad Hornschuch AG in
D-Weissbach), in Kairo gefundene Klebefolie hinter Glas in Alurahmen,
Expl. 7/7
Objektgrösse: 31,3 x 25,3 cm

JEAN-LUC MANZ

GEBOREN 1952 IN NEUENBURG
LEBT UND ARBEITET IN LAUSANNE

EINZELAUSSTELLUNGEN

1976	Galerie Rivolta, Lausanne
1978	Galerie Rivolta, Lausanne
1980	Apartment, Genf
	Galerie Rivolta, Lausanne
1982	Galerie Rivolta, Lausanne
1984	Galerie Fina Bitterlin (mit Jean Crotti), Basel
1986	Galerie Rivolta (mit Jean Crotti), Lausanne
1988	Galerie Rivolta, Lausanne
	Kunsthalle, Winterthur
	Galerie Peter Bläuer, Basel
1989	Musée des beaux-arts, La Chaux-de-Fonds
	Halle Sud, Genf
	Galerie Susanna Kulli, St. Gallen
	Fac, Siders
1990	Galerie Patrick Roy (mit Jean Crotti), Lausanne
1991	Galerie Susanna Kulli, St. Gallen
1992	Galerie Skopia, Nyon
1993	Galerie Patrick Roy (mit Jean Crotti), Lausanne
	Galerie Mashrabia (mit Jean Crotti), Kairo
1994	Fact Ausstellungsraum, Therwil
1995	Galerie Patrick Roy, Lausanne
	Fri-Art, Kunsthalle, Freiburg
1996	Galerie Patrick Roy, Lausanne
	Galerie Martin Krebs (mit Jean Crotti), Bern
	Galerie Köstring/Maier (mit Gerold Miller), München
1997	Galerie Susanna Kulli, St. Gallen
	Musée jurassien des Arts (mit Jean Crotti), Moutier
1998	Galerie Susanna Kulli, St. Gallen
	Galerie Cairo Berlin (mit Jean Crotti), Kairo
1999	Graphische Sammlung der ETH, Zürich und Cabinet cantonal des estampes, Musée Jenisch, Vevey

GRUPPENAUSSTELLUNGEN (AUSWAHL)

1983	*Jeunes Vaudois. Regard sur le présent 4,* Musée cantonal des beaux-arts, Lausanne
1984	*Jeunes Vaudois,* Helmhaus, Zürich
1986	*Zeichnungen und Arbeiten auf Papier,* Gemeindegalerie, Emmen
1987	*J. Armleder, S. Huitmere, Jean-Luc Manz, S. à Wengen,* Galerie Fabian Walter, Basel
1988	*Ecart,* John Gibson Gallery, New York
	Armleder, Floquet, Manz, Marclay, Mosset, Kunstverein und Städtische Galerie, Freiburg i. Br.
	Riviera Künstler. Jacques Bonnard, Jean Crotti, Alain Huck, Robert Ireland, Jean-Luc Manz, Shedhalle, Zürich
	*M/2 (mit J. Crotti, A. Huck, R. Ireland), M/2, Vevey

1989   *Coproductions,* Peter Bläuer und Soussol/Filiale, Basel

        Schweizer Plastik Ausstellung, Môtiers

1990   *Autour d'une passion 2: François Morellet, Jésus-Raphaël Soto, Christian Floquet, Jean-Luc Manz*

        und Patrick des Gachons, Château de Fraïssé, Fraïssé-des-Corbières

1991   *Huit peintres vaudois Rumine pour la gloire,* Musée cantonal des beaux-arts, Lausanne;

        Bündner Kunstmuseum, Chur; Galerie de l'Université du Québec, Montréal

        Vom Röstigraben: 13 junge Schweizer, Nassauischer Kunstverein, Wiesbaden

        Extra Muros: Zeitgenössische Schweizer Kunst, Musée des beaux-arts, La Chaux-de-Fonds;

        Musée cantonal des beaux-arts, Lausanne; Musée d'art et d'histoire, Neuenburg;

        ELAC, Espace lyonnais d'art contemporain, Lyon

        Kunst, Europa (mit P.-A. Ferrand), Bielefelder Kunstverein, Bielefeld

        Subtransalpina, Château de Bard, Vallée d'Aoste

        Pour les amoureux des bancs publics, Stadtpark, Graz

        Painting into the 90's, Galerie Pierre Huber, Genf

        Blue Artists, Chetwind Stapylton, San Francisco

1992   *Blue Artists,* Chetwind Stapylton, Portland

        366 Zeichnungen, Galerie Bob van Orsouw, Zürich

        Blanc, Bleu, Noir, Abstraction en Méditerrannée, Institut français, Neapel

        M/2: J. Crotti, A. Huck, R. Ireland, J.-L. Manz, Galerie Bob van Orsouw, Zürich

        Sortiment, Basel

        International Cairo Biennale 1992-1993, Kairo

1993   *Ecart,* Galerie Susanna Kulli, St. Gallen

        Furkart, Hotel Furkablick

        Le voyage en Egypte: J. Crotti, P. Keller, J.-L. Manz, Espace d'art contemporain, Lausanne

1994   *"Kicking Boxes Billiard",* Graphische Sammlung der ETH Zürich

        Le Fantôme des Beaux-Arts, BRAMA, Contemporary Arts Centre, Kiev

        L und Gastkünstler, Galerie unterm Turm, Stuttgart; Galerie im Amtshimmel, Amtshaus, Baden

1995   *Beyond Switzerland,* Hong Kong Museum of Art, Hong Kong

        Ohne Titel: Die Sammlung zeitgenössischer Schweizer Kunst der Stiftung Kunst Heute,

        Aargauer Kunsthaus, Aarau

        Préludes, Musée Arlaud, Lausanne

        Schweizer Plastik Ausstellung, Môtiers

        A chacun sa montagne, Musée Jenisch, Vevey

        Identités et Affinités: Art suisse contemporain dans la collection, Musée cantonal des beaux-arts, Lausanne

        International Biennale of Graphic Art, Györ

1996   *Identités et affinités: Œuvres du Musée cantonal des beaux-arts de Lausanne,*

        Musée cantonal des beaux-arts, Lausanne; Musée des beaux-arts, Dôle

        Dialogues, Musée cantonal des beaux-arts, Sitten

1997   *The single use camera show: attitudes,* ProjektRaum, Zürich

        2nd Egyptian International Print Triennale, Kairo

        Regel und Abweichung: Schweiz Konstruktiv 1960 bis 1997, Haus für Konstruktive und Konkrete Kunst, Zürich

1998   *Règle et Déviance, Constructivisme en Suisse 1960-1997,* Musée d'art et d'histoire, Neuenburg

        Commerce, Galerie Gaxotte, Pruntrut

1999   *Konnex Kairo,* Kunstmuseum Thun

        Anderswo 2, attitudes, Kaskadenkondensator, Basel

        Autour de R2/12, attitudes, Genf

KATALOGE (AUSWAHL)

1983   *Jeunes Vaudois, Regard sur le présent 4,* Musée cantonal des beaux-arts, Lausanne

1988   *Jean-Luc Manz,* Kunsthalle, Winterthur; Halle Sud, Genf; Musée des beaux-arts, La Chaux-de-Fonds

        Riviera Künstler, Shedhalle, Zürich

1989   *Schweizer Plastik Ausstellung,* Môtiers

1991   *Huit peintres vaudois Rumine pour la gloire,* Musée cantonal des beaux-arts, Lausanne;

        Bündner Kunstmuseum, Chur; Galerie de l'Université du Québec, Montréal

Extra Muros: Zeitgenössische Schweizer Kunst, Musée des beaux-arts, La Chaux-de-Fonds;
Musée cantonal des beaux-arts, Lausanne; Musée d'art et d'histoire, Neuenburg
Kunst, Europa: 63 deutsche Kunstvereine zeigen Kunst aus 20 Ländern
Subtransalpina, Château de Bard, Vallée d'Aoste

1993   *Jean Crotti, Jean-Luc Manz,* Galerie Mashrabia, Kairo

1995   *Beyond Switzerland,* Hong Kong Museum of Art, Hong Kong
Ohne Titel: Eine Sammlung zeitgenössischer Schweizer Kunst. Stiftung Kunst Heute, Bern
Schweizer Plastik Ausstellung, Môtiers
FRI-ART 1995, Freiburg

1996   *Pleurs de cendres. Jean-Luc Manz,* Galerie Patrick Roy, Lausanne

1997   *Regel und Abweichung: Schweiz Konstruktiv 1960 bis 1997,* Haus für Konstruktive und Konkrete Kunst, Zürich
Jean Crotti et Jean-Luc Manz, Musée jurassien des Arts, Moutier

1998   *Der Grund zum Druck. Druckgrafisches Schaffen in der Schweiz seit 1960: Künstler, Drucker, Verlage,* Pro Helvetia, Zürich

1999   *Konnex Kairo,* Kunstmuseum, Thun
Do not walk outside this area, Jean-Luc Manz, Editionen 1988-1998, Graphische Sammlung der ETH Zürich
und MEMORY/CAGE EDITIONS Zürich

AUFSÄTZE (AUSWAHL)

1987   Catherine Quéloz, »Jean-Luc Manz. Le dessein de la peinture«, in: *Halle Sud,* Nr. 15, S. 10-11

1989   Jérôme Baratelli, »Le refus de l'image savante: une fin en soi«, in: *Halle Sud,* Nr. 21, S. 28-30

1991   Claude Ritschard, »Jean-Luc Manz«, in: *Kunst in der Schweiz, Künstler, Galerien, Museen, Sammlungen, Kritiker, Kuratoren, Regionen, Städte, Adressen,* Hamburg, S. 235

1995   Françoise Nyffenegger, »Jean-Luc Manz«, in: *Das Kunst-Bulletin,* 1/2, Januar/Februar, S. 24-25

1996   Lionel Bovier, »Jean-Luc Manz«, in: *Artis,* Nr. 48, Februar/März, S. 42-45

1998   Lionel Bovier, »Jean-Luc Manz«, in: *Biographisches Lexikon der Schweizer Kunst,* Zürich und Lausanne, S. 676-677

INTERVIEWS

1987   Dolène Ainardi, »Jean-Luc Manz. Entretien«, in: *Halle Sud,* Nr. 15, S. 12-13

1995   Hélène Tauvel-Dorsaz, »Au Moyen Age, j'aurais été un peintre d'enluminure«, in: *Journal de Genève,* 31. Januar, S. 27

1999   *Im Rahmen der Ausstellung von Jean-Luc Manz,* Ein Künstlergespräch mit Daniel Kurjaković. Galerie Susanna Kulli, St. Gallen (Druck in Vorbereitung)

IMPRESSUM

DO NOT WALK OUTSIDE THIS AREA Jean-Luc Manz Editionen 1988-1998

Graphische Sammlung der ETH, Zürich
5. Mai bis 2. Juli 1999
Cabinet cantonal des estampes, Musée Jenisch Vevey
16. September bis 7. November 1999

KATALOG

Herausgegeben von der Graphischen Sammlung der ETH, Zürich
(Paul Tanner, Leiter)

Konzept: Jean-Luc Manz und MEMORY/CAGE STUDIO
Redaktion: Daniel Kurjaković und Paul Tanner
Redaktionelle Mitarbeit: Susann Wintsch (dt.), Margerit Soland (engl.)
Gestaltung und Satz: MEMORY/CAGE STUDIO
Übersetzungen: Michael Eldred (Text Paul Tanner), Charles Penwarden (Text Christophe Cherix)
Photos: Jean-Luc Manz, Lausanne, S. 33, 42 oben u. Mitte, 67; Georg Rehsteiner, Vufflens-le-Château, S. 35, 42 unten, 49, 60-62;
alle übrigen Jean-Pierre Kuhn, Schweizerisches Institut für Kunstwissenschaft, Zürich
Lithos: Photolitho AG, Gossau
Druck: Lichtdruck AG, Dielsdorf
Einband: Buchbinderei Grollimund AG, Reinach
Auflage: 900 Exemplare

AUSSTELLUNG

Konzept: Jean-Luc Manz und Paul Tanner
Montierung und Rahmung: Brigit Naef, Antoinette Simmen
Öffentlichkeitsarbeit: Marianne Aebersold

Mit freundlicher Unterstützung von
camille graeser-stiftung zürich
Fondation Leenaards, Lausanne
Fondation Edouard et Maurice Sandoz, Pully
Stiftung für die Graphische Kunst in der Schweiz, Zürich
Etat de Vaud, Service des affaires culturelles, Lausanne
Ville de Lausanne, Service des affaires culturelles
und

FONDATION NESTLÉ POUR L'ART

Graphische Sammlung der ETH Zürich, Rämistrasse 101, CH-8092 Zürich, Tel. 01 632 40 46, Fax 01 632 11 68

MEMORY/CAGE EDITIONS, Edenstrasse 12, CH-8045 Zürich, Tel. 01 281 35 65, Fax 01 281 35 66
E-Mail: mail@memorycage.com, Internet: www.memorycage.com